Das Kreuzstich Buch

Ritta Drommer

VERLAG FÜR DIE FRAU
BUCH

Inhalt

Kreuzstich

– EINE ALTE HANDARBEITSTECHNIK, IMMER AKTUELL, LEICHT ZU ERLERNEN UND VIELSEITIG ANWENDBAR

In diesem Buch stellen wir Ihnen Kreuzstichmuster in vorwiegend geometrischer Anordnung vor, die Sie als Einzelmotive, Flächenmuster oder Kanten verwenden können. Sie finden ein- und mehrfarbige, geschlossene und offene Muster. Mit der Kombination von Mustern und Farben können Sie Ihrer Kreativität freien Lauf lassen. Die abgebildeten Modelle sollen inspirieren und zeigen, wie vielfältig die Motive einsetzbar sind. Ob Sie nun ein Modell für sich selbst sticken oder als Geschenk, Sie werden viel Freude haben und bereiten. Gutes Gelingen!

Material und Grundtechnik

MATERIALHINWEISE

Verwenden Sie ein gleichmäßiges Gewebe, das heißt Kett- und Schussfäden sind gleich stark. Nur so bekommen Sie eine absolut gleichmäßige Stickerei. Aidastoff ist auch sehr gut geeignet, besonders für Anfänger. Im Fachhandel erhalten Sie eine Vielfalt an Stoffen und fertig konfektionierten Teilen mit eingewebten Aidafeldern, wie Läufer, Mitteldecken, Kissen, Hand- und Geschirrtücher und vieles mehr. Auch Holz- und Pappteile lassen sich mit Stickereien verzieren. Plastikstramin und Magic Canvas sind hervorragende Materialien, wenn die Stickerei ausgeschnitten werden soll.
Eine große Auswahl an Stickgarnen in schönen Farben und verschiedenen Materialien ist im Angebot. Neben Perlgarn und Sticktwist finden Sie Metallic-, Kunstseiden- und Seidengarne. Eine kleine Auswahl aus dem reichhaltigen Angebot an Materialien sehen Sie auf dem Foto.

EIN PAAR TIPPS FÜR GUTES GELINGEN

Spannen Sie die Arbeit, wenn Sie auf Stoff sticken, immer in einen Stickrahmen. Sticken Sie mit einer Nadel ohne Spitze. Wählen Sie die Stärke des Fadens nach der Stärke des Stoffes. Der Faden soll gut decken. Es ist ratsam, bei regelmäßigen Mustern die Stickerei von der Mitte aus zu beginnen.

Die Kreuzstichvorlagen zu den hier vorgestellten Stickereien sind farbig gezeichnet. Betrachten Sie die Farben als Vorschlag. Die verwendeten Farben und Garne für die jeweiligen Beispielmodelle finden Sie in den Farbtabellen neben den Stickvorlagen.
Experimentieren Sie auch selbst einmal mit Farben und Materialien. Sie werden erstaunt sein über die Variationsmöglichkeiten, die diese traditionelle Technik und die vorgestellten Muster bieten.
Bezugsadressen fürs Material finden Sie auf Seite 48. Auf Näh- und Bastelanleitungen wurde verzichtet zugunsten eines reichen Musterangebots.

STICKDIAGRAMM

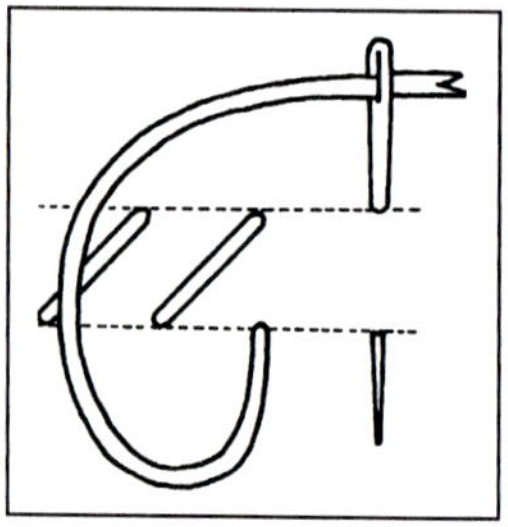

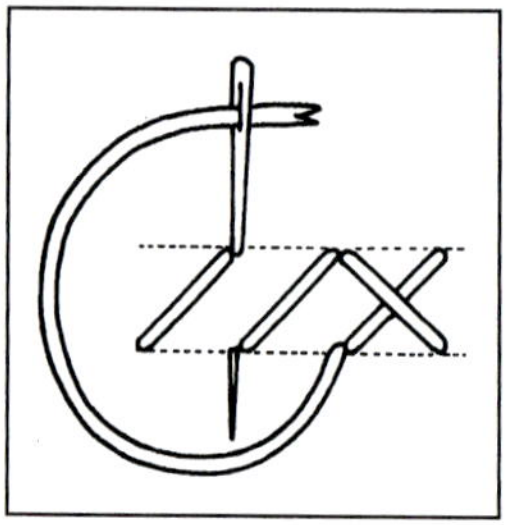

Anchor
Metallic
1307 L20

Deckchen und Geschirrtuch

Farbangabe

Fb.	Coats
(Blau)	19
(Rot)	146

DECKCHEN

Material:

Hardangerstoff mit eingewebten Aidafeldern,
1 Stickrahmen,
1 Nadel ohne Spitze,
Schere,
5x Sticktwist Fb. 19

Zählen Sie die Aidafelder in Höhe und Breite aus. Sticken Sie das gewählte Muster von der Mitte aus in die Aidafelder mit 3-fädigem Garn. Sie können die Muster auch in die Hardangerfelder sticken und die Aidafelder frei lassen.
Der Hardangerstoff ist als Meterware in verschiedenen Farben erhältlich. Die Größe sowie die Farbe des Deckchens bestimmen Sie selbst. Entsprechend ändert sich der Garnverbrauch.

GESCHIRRTUCH

Material:

Geschirrtuch mit eingewebten Aidastreifen,
1 Stickrahmen,
1 Sticknadel ohne Spitze, Schere,
4x Sticktwist Fb. 146

Zählen Sie den Aidastreifen in Höhe und Breite aus. Teilen Sie das Muster ein und beginnen Sie in der Mitte des Aidastreifens und in der Mitte des Randmusters mit 3-fädigem Garn zu sticken. Sie sehen die Musterkanten in Kombination mit einem Mittelmotiv. Geschirrtücher gibt es in unterschiedlichen Farben, mit Aidafeldern oder Streifen.

Für die Küche

Farbangabe

Fb. Madeira-Sticktwist

1004

1007

TOPFLAPPEN

Material:

Zählstoff,
1 Stickrahmen,
1 Nadel ohne Spitze,
Schere,
Stickgarn laut Tabelle je Fb. 1x, Topflappen

Sticken Sie das gewählte Motiv mit 3-fädigem Garn 4x im Quadrat. Nähen Sie die fertige Stickerei auf einen fertig gekauften oder selbst genähten Topflappen auf.
Diese Stickerei eignet sich auch gut zur Verzierung von Taschen, Kissen u. ä.

BORTE

Material:

Stickband,
1 Stickrahmen,
1 Nadel ohne Spitze,
Schere,
Stickgarn laut Tabelle

Zählen Sie die Breite des Bandes aus. Beginnen Sie in der Mitte des Bandes mit 3-fädigem Garn etwas vom Rand entfernt und in der Mitte des Motivs mit dem Sticken. Der Zweck bestimmt die Länge der Borte und somit auch den Verbrauch.
Mit gestickten Borten lassen sich viele Dinge verzieren.

Tipp:

Heften Sie den rechten und linken Rand des Bandes auf je ein Stück Stoff, so können Sie das Band gut in den Stickrahmen einspannen.
Nach Fertigstellung der Stickerei ziehen Sie die Heftfäden wieder heraus.

Gästetuch und Duftkissen

Farbangabe

Fb.	Coats-Sticktwist
	297
	303
	140
	142

GÄSTETUCH

Material:

Gästetuch mit eingewebter Aidakante, 1 Stickrahmen, 1 Nadel ohne Spitze, Schere, Stickgarn laut Tabelle je Fb. 1x

Zählen Sie den Aidastreifen in Höhe und Breite aus. Beginnen Sie in der Mitte des Streifens und in der Mitte des Motivs mit 3-fädigem Garn mit dem Sticken.

DUFTKISSEN

Material:

Zählstoff, 1 Stickrahmen, 1 Nadel ohne Spitze, Schere, Stickgarn laut Tabelle je Fb. 1x, getrocknete Blüten und Früchte

Sticken Sie zuerst die äußere Kante nach dem Muster im Quadrat. Sticken Sie danach das Muster Ihrer Wahl in die Mitte des Quadrates. Nähen Sie ein Kissen und füllen Sie es mit den getrockneten Blüten und Früchten.

Elegante Platzdeckchen

Farbangabe

Fb.	Madeira-Sticktwist
	0111
	0112
	0710
	0709
	0707
	1201
	1202
	1203
	1014
	1013
	1107

PLATZ-DECKCHEN

Material:

fertig konfektionierte Tischsets mit eingewebten Aidafeldern oder einen beliebigen Zählstoff,
1 Stickrahmen,
1 Nadel ohne Spitze,
Schere, Stickgarn laut Tabelle je Fb. 1x

Wenn Sie fertige Sets verwenden, zählen Sie vor dem Sticken die Aidafelder aus. Sticken Sie das gewünschte Muster mit 3-fädigem Garn.
Sie können sich Platzdeckchen auch aus einem Zählstoff sticken, so haben Sie die Möglichkeit, mehrere Muster aneinander gereiht als Borte oder versetzt anzuordnen.
Als Flächenmuster sind diese Muster auch gut geeignet. Zum Beispiel für Buchhüllen, Deckel von Schachteln oder für Kissen.

Stilvoll serviert

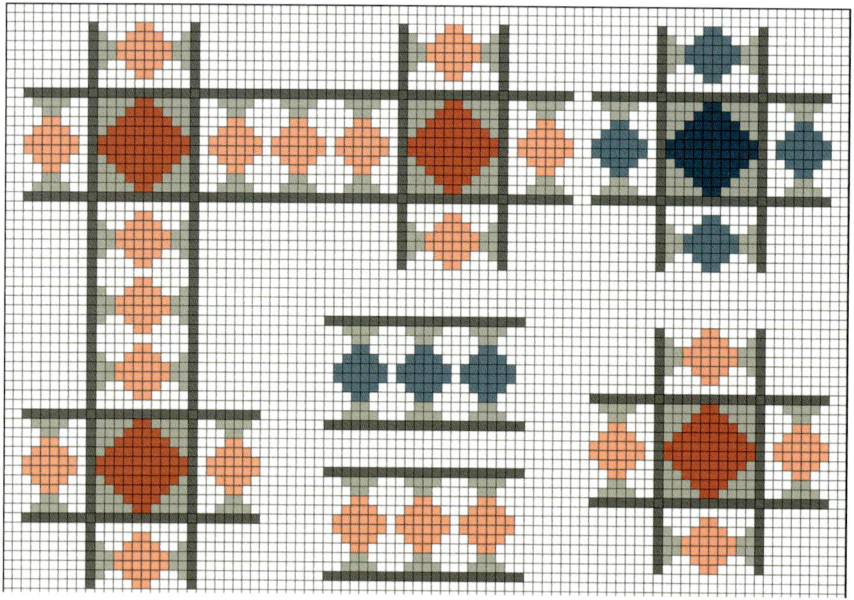

Farbangabe

Fb.	Coats-Sticktwist
	234
	235
	8
	10
	977
	979

PLATZ-DECKCHEN

Material:

je Platzdeckchen ca. 45 x 60 cm Zählstoff (11 Fäden/ cm), 1 Stickrahmen, 1 Nadel ohne Spitze, Schere, Stickgarn laut Tabelle je Fb. 1x

Sticken Sie den Mustersatz des gewählten Musters in den gewünschten Farben mit 3-fädigem Garn 7x in der Breite und 5x in der Höhe. Nach Fertigstellung der Stickerei umsäumen Sie das Platzdeckchen.

SERVIETTE

Material:

je Serviette ca. 45 x 45 cm Zählstoff (11 Fäden/ cm), 1 Stickrahmen, 1 Nadel ohne Spitze, Schere, Stickgarn laut Tabelle je Fb. 1x

Sticken Sie in die linke obere Ecke der Serviette ca. 1 cm vom Saum entfernt ein Einzelmotiv nach Zählmuster 2 in den gewünschten Farben mit 3-fädigem Garn.

SERVIETTEN-RING

<u>Material:</u>

Plastikstramin (55 Stiche/10 cm), 1 Nadel ohne Spitze, Schere, Stickgarn laut Tabelle je Fb. 1x

Sticken Sie 9 Mustersätze nach dem Zählmuster. Lassen Sie am Anfang 3 - 4 Kästchen frei, um am Ende des 9. Mustersatzes den Ring schließen zu können. Legen Sie Anfang und Ende übereinander und sticken durch beide Lagen. Schneiden Sie nun den Serviettenring aus und lassen dabei 1 Kästchen stehen. Vorsicht beim Ausschneiden der Zwischenräume!

Der schöne Tisch

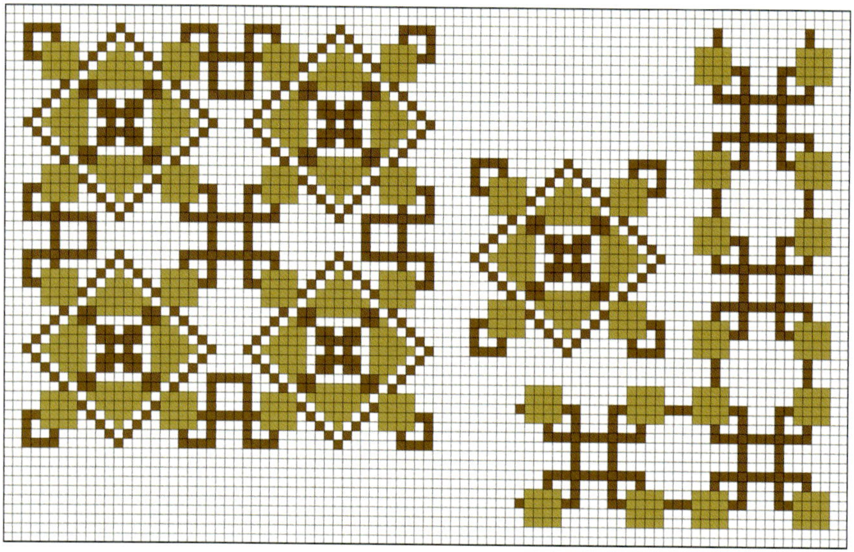

Farbangabe

Fb. Madeira-Silk

2012

2008

MITTELDECKE

Material:

Baumwollstoff „Veronika" mit eingewebten Aidafeldern, 1 Stickrahmen, 1 Nadel ohne Spitze, Schere, Silk 6x 2008 und 7x 2012 (Garnverbrauch für 9 Aidafelder)

Diesen Stoff können Sie als Meterware und auch in anderen Farben erwerben. Er ist beidseitig verwendbar. Die Größe der Decke bestimmen Sie selbst. Zählen Sie die Aidafelder in Höhe und Breite aus und beginnen Sie laut Zählmuster in der Mitte des Feldes mit 2-fädigem Garn zu sticken.

SERVIETTE

Material:

Fertigserviette oder ca. 50 x 50 cm feinen Zählstoff in einer passenden Farbe zur Decke, 1 Stickrahmen, 1 Nadel ohne Spitze, Schere und je 1x Silk 2008, 2012

Das kleine Motiv sticken Sie laut Zählmuster mit 2-fädigem Garn in eine Ecke der Serviette ca. 1 cm vom Saum entfernt. Das Seidengarn bekommen Sie nicht in jedem Handarbeitsfachgeschäft. Auf Seite 48 finden Sie die Bestelladresse.

Weihnachtliches

Farbangabe

Fb.	Coats
(gelb)	Metallic-Gold
(goldorange)	Reflecta-Gold
(hellbraun)	47 Sticktwist
(braun)	44 Sticktwist
(hellgrün)	226 Sticktwist
(grün)	246 Sticktwist

TISCHBAND

Material:
Leinenband,
1 Stickrahmen,
1 Nadel ohne Spitze,
Schere,
Stickgarn laut Tabelle

Die Länge und Breite des Bandes bestimmen Sie selbst. Sticken Sie die gewünschten Motive in strenger Anordnung wie auf dem Foto oder locker verstreut. Sticktwist verwenden Sie 3-fädig, Reflecta 2-fädig und Metallic 1-fädig. Das Beispielmodell ist 16 cm breit.
Mit passenden Servietten können Sie die Tischdekoration abrunden.

GESCHENK-ANHÄNGER

Material:
Plastikstramin
(55 Stiche/10 cm),
1 Nadel ohne Spitze,
Schere,
Stickgarn laut Tabelle
je Fb. 1x

Sticken Sie die gewünschten Motive auf den Plastikstramin. Die Garnstärken verwenden Sie wie beim Tischband. Beim Ausschneiden lassen Sie einen Rand stehen. Auch einen Adventstrauß oder -kranz können Sie mit diesen Sternen schmücken.

KARTE

Material:
feinen Zählstoff,
1 Stickrahmen,
1 Nadel ohne Spitze,
Schere,
Stickgarn laut Tabelle je Fb. 1x, Passepartoutkarte

Sticken Sie das gewünschte Motiv. Nach Fertigstellung wird die Stickerei in den Passepartoutausschnitt der Karte eingeklebt.

Dekoratives fürs Büro

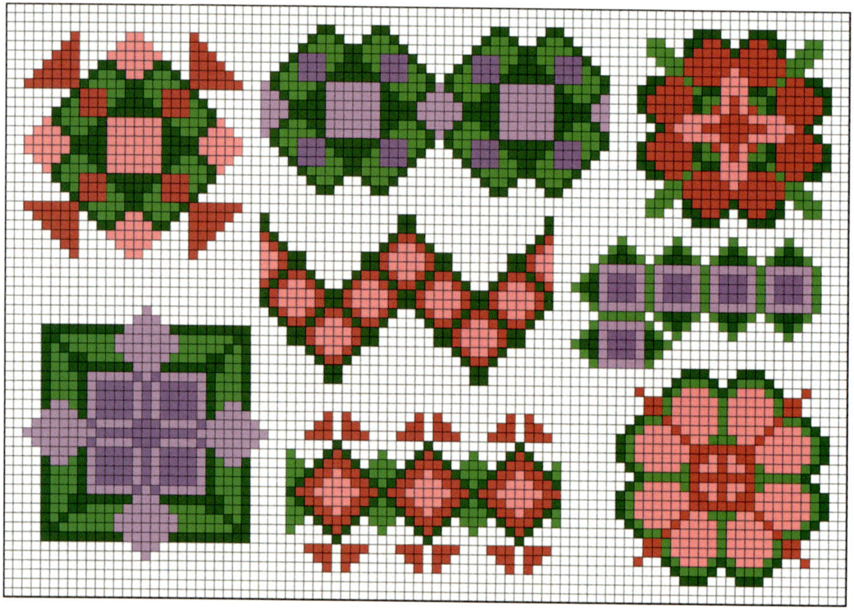

Farbangabe

Fb.	Coats
(dunkelgrün)	Metallic-grün
(hellbraun)	26 Sticktwist
(rotbraun)	29 Sticktwist
(hellviolett)	96 Perlgarn Nr. 8
(dunkelviolett)	98 Perlgarn Nr. 8
(grün)	227 Sticktwist/ Perlgarn Nr. 8

BILDERRAHMEN

Material:

Bilderrahmen aus Pappe, Plastikstramin (55 Stiche/10 cm), 1 Nadel ohne Spitze, Schere, Stickgarn laut Tabelle je Fb. 1x und 1x Metallic-Silber

Passen Sie den Plastikstramin der Größe des Bilderrahmens an. Zählen Sie die Kästchen aus und teilen das Muster ein. Auf dem Foto sehen Sie das Muster rechts aus der Zeichnung. Sticken Sie mit Sticktwist 3-fädig, Perlgarn und Metallic 1-fädig. Die nicht vom Muster beanspruchten Kästchen füllen Sie mit Metallic-Silber auf. Die Stickerei wird auf den Bilderrahmen aufgeklebt.

BRIEF-BESCHWERER

Material:

Briefbeschwerer aus Glas für Stickereien, Plastikstramin (55 Stiche/10 cm), 1 Nadel ohne Spitze, Schere, Stickgarn laut Tabelle je Fb. 1x und 1x Metallic-Silber

Sticken Sie das gewünschte Motiv mit den bei der Beschreibung zum Bilderrahmen angegebenen Garnstärken. Füllen Sie den Hintergrund auf die Ausschnittgröße des Briefbeschwerers mit Metallic-Silber auf. Schneiden Sie danach die Stickerei auf die Ausschnittgröße zu und kleben Sie sie ein.

STIFTBOX

Material:

runde Schachtel ohne Deckel ca. 10 cm hoch,
Stickband,
1 Stickrahmen,
1 Nadel ohne Spitze,
Schere,
Stickgarn laut Tabelle

Die Länge und Breite des Bandes richtet sich nach dem Muster und dem Umfang der Schachtel. Sticken Sie das gewünschte Muster auf das Band und dekorieren Sie damit die Schachtel.

Schachtel und Brillenetui

Farbangabe

Fb.	Coats
■	Metallic-Silber
■	Metallic-grün
■	1 Perlgarn Nr. 8
■	227 Perlgarn Nr. 8
■	212 Perlgarn Nr. 8

BRILLENETUI

Material:
Zählbaren Stoff,
1 Stickrahmen,
1 Nadel ohne Spitze,
Schere,
Stickgarn laut Tabelle je Fb. 1x

SCHACHTEL

Material:
Quadratschachtel mit Passepartoutdeckel ca. 14 x 14 cm,
Plastikstramin,
1 Nadel ohne Spitze,
Schere,
Stickgarn laut Tabelle je Fb. 1x

Sticken Sie auf den Plastikstramin das gewünschte Muster 2x in Höhe und Breite mit 1-fädigem Garn. Die abgebildete Schachtel zeigt Ihnen das Muster. Schneiden Sie nun den Stramin auf Deckelgröße zu und legen Sie die Stickerei unter den Passepartoutausschnitt.

Sollte der Plastikstramin am Rand zu sehen sein, so füllen Sie mit der Grundfarbe des Musters auf. Die Schachtel können Sie nach Wunsch mit Stoff beziehen oder bemalen.

Sticken Sie das ausgewählte Muster mit 1-fädigem Garn 3x nebeneinander in einer Reihe. Wählen Sie eines der geschlossenen Muster, so lassen Sie die Hintergrundfarbe weg. Eine gute Größe für ein Brillenetui ist etwa 17 cm x 10 cm.

L20

Haarspangen - sehr apart

Farbangabe

Fb.	Madeira
(grau)	2042 Metallic Nr.20
(rosa)	0702 Sticktwist
(hellblau)	1003 Sticktwist
(graublau)	1446 Decora
(ocker)	1571 Decora
(rostbraun)	1555 Decora
(dunkelbraun)	2007 Sticktwist
(gelb)	325 Metallic Nr.10
(petrol)	365 Metallic Nr.10
(schwarz)	360 Metallic Nr.10

HAARSPANGEN

Material:
Plastikstramin (55 Stiche/10 cm), Haarspangenmechanik, 1 Nadel ohne Spitze, Schere, transparentes Nähgarn, Stickgarn Ihrer Wahl je 1x je Fb. und Qualität

Sticken Sie das gewünschte Muster auf Plastikstramin. Für die im Foto gezeigten Spangen finden Sie die verwendeten Garne und Farben in der Tabelle. Die beiden anderen Muster sollen eine Anregung sein. Stellen Sie sich Ihre Farben und Garne selbst zusammen.

Sticken Sie Sticktwist 3- und Decora 2-fädig, die Metallicgarne 1-fädig, bzw. mit geteiltem Faden. Nach dem Sticken schneiden Sie die Haarspangen aus und lassen 1 Kästchen als Rand stehen. Auf der linken Seite der Stickerei wird die handelsübliche Haarspangenmechanik mit transparentem Nähfaden angenäht.
Ein Armband, passend zur Haarspange, wird ein Blickfang sein.

Decora bekommen Sie nicht in jedem Handarbeitsfachgeschäft.
Die Bestelladresse finden Sie auf Seite 48.

Nützliche Kleinigkeiten

Farbangabe

Fb.	Coats
293	Perlgarn Nr. 8
297	Perlgarn Nr. 8
306	Perlgarn Nr. 8
310	Perlgarn Nr. 8
185	Perlgarn Nr. 5
189	Perlgarn Nr. 5
24	Perlgarn Nr. 5
27	Perlgarn Nr. 5
121	Perlgarn Nr. 5
131	Perlgarn Nr. 5
134	Perlgarn Nr. 5
303	Perlgarn Nr. 5
324	Perlgarn Nr. 5
1	Perlgarn Nr. 5

BEUTEL

Material:

ca. 25 x 25 cm Zählstoff (11 Fäden/cm), 1 Stickrahmen, 1 Nadel ohne Spitze, Schere, Stickgarn laut Tabelle je Fb. 1x, Perlgarn Nr. 8, Stoffbeutel oder passenden Stoff zum Selbernähen

Sticken Sie mit dem gewählten Muster einen Streifen von 5 Mustersätzen auf den oberen Rand der Tasche. Erweitern Sie dabei an der oberen und unteren Seite das Muster durch verkürzte Reihen in der Fb. 310. Es entstehen Spitzen. Die bestickte Tasche nähen Sie nach Fertigstellung auf den Beutel auf. Wenn Sie den Beutel selbst nähen, können Sie die Tasche wie auf dem Foto ersichtlich mit den Henkeln aufsteppen.

SCHLÜSSEL-ANHÄNGER

Material:

Plastikstramin (55 Stiche/10 cm), 1 Nadel ohne Spitze, Schere, Stickgarn laut Tabelle je Fb. 1x, Perlgarn Nr. 5

Sticken Sie das gewünschte Muster auf den Plastikstramin. Nach

Fertigstellung schneiden Sie bis auf 1 Kästchen den überstehenden Rand ab. Für den Schlüsselring lassen Sie an einer Ecke an 2 Seiten je 1 zusätzliches Kästchen stehen. Vorsicht beim Ausschneiden der Stege!

LESEZEICHEN

Material:
Plastikstramin (55 Stiche/10 cm), 1 Nadel ohne Spitze, Schere, Stickgarn laut Tabelle je Fb. 1x

Sticken Sie für das Lesezeichen 4 Mustersätze übereinander mit Perlgarn Nr. 8 nach dem gewählten Zählmuster. Erweitern Sie dabei an der oberen und unteren Seite das Muster durch verkürzte Reihen in der Fb. 310.
Sie erhalten oben und unten eine Spitze. Schneiden Sie die Stickerei aus und lassen Sie dabei rundherum ein Kästchen Rand stehen.

Frische Muster fürs Bad

Farbangabe

Fb.	Madeira-Sticktwist
gelb	0110
orange	0203
braun	0311
grün	1503

HANDTUCH

Material:

**1 Handtuch mit eingewebter Aidakante,
1 Stickrahmen,
1 Nadel ohne Spitze,
Schere,
Stickgarn laut Tabelle
je Farbe 1x, 0311 = 2x**

Zählen Sie den Aidastreifen in Länge und Breite aus. Beginnen Sie in der Mitte des Aidastreifens und in der Mitte des Musters mit 3-fädigem Garn zu sticken. Auf dem abgebildeten Handtuch sehen Sie das Muster von links oben in der Zeichnung.

Sie können die Muster auch auf Bänder sticken und diese dann auf ganz normale Handtücher aufnähen.

Streng geometrisch

Farbangabe

Fb.	Coats-Sticktwist
	306
	308
	264
	266
	268

BILD

Material:
Zählstoff (11 Fäden/cm),
1 Stickrahmen,
1 Nadel ohne Spitze,
Schere,
Stickgarn laut Tabelle je 1x,
1 passenden Bilderrahmen

Sticken Sie die 6 Muster nach der Zählvorlage mit 3-fädigem Garn mit je 3 Kästchen Abstand. Nach Fertigstellung die Stickerei von links dämpfen und gut glatt bügeln. Volumenvlies auf die Rückwand des Rahmens geben, die Stickerei obenauf legen, ausrichten und in den Rahmen einfügen.

UNTERSETZER

Material:
Zählstoff,
Stickrahmen,
1 Nadel ohne Spitze,
Schere,
Stickgarn laut Tabelle je 1x,
Untersetzerrohlinge,
passende Glasscheiben

Sticken Sie die gewünschten Muster mit den entsprechenden Farben mit 3-fädigem Garn, dabei erweitern Sie das Muster um 1 Kästchen je Seite in der Grundfarbe. Die Größe des Musters ist nun 31 x 31 Kästchen. Nach Fertigstellung die Stickerei von links dämpfen und gut glatt bügeln. Den Stoff auf die Größe des Untersetzers zuschneiden und auf die Grundplatte aufkleben.

Kunterbunte Osterideen

Farbangabe

Fb. Coats

- **1 Sticktwist/ Perlgarn Nr.5**
- **97 Sticktwist/ Perlgarn Nr.5**
- **121 Sticktwist**
- **129 Perlgarn Nr.5**
- **241 Sticktwist/ Perlgarn Nr.5**
- **293 Sticktwist/ Perlgarn Nr.5**
- **303 Sticktwist/ Perlgarn Nr.5**

PLATZDECKCHEN

Material:

ca. 60 x 50 cm Zählstoff (11 Fäden/cm), 1 Stickrahmen, 1 Nadel ohne Spitze, Schere, Stickgarn laut Tabelle je Fb. 1x (Sticktwist)

Sticken Sie den Mustersatz des gewünschten Musters auf eine Schmalseite oder auch auf beide Seiten 10x in der Höhe mit 3-fädigem Garn. Wenn Sie einen gröberen Stoff verwenden, brauchen Sie weniger Muster.

EIERBECHER

Material:

Plastikstramin (55 Stiche/10 cm), 1 Nadel ohne Spitze, Schere, Stickgarn laut Tabelle je Fb. 1x Sticktwist

Sticken Sie den Mustersatz des gewünschten Musters mit 3-fädigem Garn 5x. Lassen Sie am Anfang 3 bis 4 Kästchen frei, um am Ende des 5. Mustersatzes den Ring schließen zu können. Legen Sie Anfang und Ende übereinander und sticken durch beide Lagen. Schneiden Sie nun den Eierbecher aus und lassen dabei 1 Kästchen stehen.
Sie können die Eierbecher auch als Serviettenringe benutzen.

OSTERSTECKER

Material:
Plastikstramin (39 Stiche/10 cm),
1 Nadel ohne Spitze,
Schere,
Stickgarn laut Tabelle je Farbe 1x Perlgarn Nr. 5,
starker Blumendraht,
schmales Schleifenband

Sticken Sie das gewünschte Motiv. Nach Fertigstellung schneiden Sie das Motiv aus und lassen dabei einen Rand und für die Stabbefestigung in der unteren Mitte des Eies 2 Kästchen stehen.

Für Handys und CDs

Farbangabe

Fb. Coats-Sticktwist

- **108**
- **110**
- **295**
- **302**
- **304**
- **254**
- **256**

HANDY-TÄSCHCHEN

Material:

Leinenband ca. 8 cm breit,
1 Stickrahmen,
1 Nadel ohne Spitze,
Schere,
Stickgarn laut Tabelle je Fb. 1x,
schmales Band

Die Länge des Bandes richtet sich nach der Größe des Handys. Zählen Sie die Breite des Bandes aus. Besticken Sie die Vorderseite mit dem Muster Ihrer Wahl mit 3-fädigem Garn. Beginnen Sie in der Mitte des Bandes und in der Mitte des Musters mit dem Sticken.

CD-TASCHE

Material:

Leinenband
ca. 65 cm lang und ca. 17 cm breit,
1 Stickrahmen,
1 Nadel ohne Spitze,
Schere,
Stickgarn laut Tabelle je Fb. 1x, ca. 75 cm Schrägband zum Einfassen

Die Angaben zum Material beziehen sich auf die abgebildete CD-Tasche. Sie hat 2 Fächer. Die Fächer erhalten Sie, indem Sie das Band in Falten legen und seitlich absteppen. Die Anzahl der Fächer bestimmt die Länge des Leinenbandes. Sticken Sie das gewünschte Motiv mit 3-fädigem Garn in die Mitte der Verschlussklappe. Beginnen Sie dabei in der Mitte des Motivs mit dem Sticken.

ME45

Mit Blüten geschmückt

Farbangabe

Fb.	Madeira
■	0109 Sticktwist
■	1003 Sticktwist
■	1005 Sticktwist
■	1502 Sticktwist
■	0113 Silk
■	1449 Decora
■	0503 Silk
■	0504 Silk
■	0204 Silk
■	2306 Silk

WANDBEHANG

Material:
ca. 1,25 m Leinenband Karo blau 20 cm breit, 1 Stickrahmen, 1 Nadel ohne Spitze, Schere, Stickgarn laut Tabelle je Fb. 1x, Decora 1449 = 2x, Holzstäbe von 6 mm Durchmesser ca. 26 cm lang, mit je 1 Bohrung ca. 1 cm von beiden Enden entfernt, 150 cm Kordel

Die Länge des Leinenbandes bezieht sich auf das abgebildete Modell mit 2 Taschen. Wollen Sie mehr Taschen, ändert sich der Verbrauch. Die Taschen erhalten Sie, indem Sie das Band in Falten legen und seitlich absteppen. Teilen Sie das Leinenband ein. Besticken Sie das Band mit dem gewünschten Muster an den gewünschten Stellen mit 2-fädigem Garn.
Die 2. Kante des Beispielmodells ist gespiegelt. Sticken Sie nach der Zählvorlage von rechts nach links. Beginnen Sie aber wie gewohnt auf der linken Seite des Bandes.

NADELKISSEN

Material:

einen festeren Zählstoff,
1 Stickrahmen,
1 Nadel ohne Spitze,
Schere,
Stickgarn laut Tabelle je Fb. 1x, Bastelwatte

Sticken Sie nach dem Muster mit 3-fädigem Garn. Ergänzen Sie das Muster zum Quadrat. Nähen Sie ein kleines Kissen und stopfen Sie es fest mit der Bastelwatte aus.

Kleine Kuschelkissen

Farbangabe

Fb. Madeira-Sticktwist

0211

1501

KISSEN

Material je Kissen:
ca. 80 cm Leinenband, gestreift oder mit Karo ca. 34 cm breit,
1 Stickrahmen,
1 Nadel ohne Spitze,
Schere,
Stickgarn laut Tabelle 1x 1501, 2x 0211

Besticken Sie die Bänder mit den Mustern Ihrer Wahl. Zählen Sie den Karostoff aus, teilen Sie das Muster ein und beginnen in der Mitte mit 3-fädigem Garn mit dem Sticken.
Die Blütenformen sehen Sie in Kombination mit den schlichten Kästchenreihen auf dem einen Kissen. Die Herzkanten schmücken die weißen Streifen des zweiten Kissens.
Die Art des Stoffes und des Stickmusters eignen sich ebensogut für ein längeres Sitzkissen für die Gartenbank oder den Balkonstuhl.

Balkonstimmung

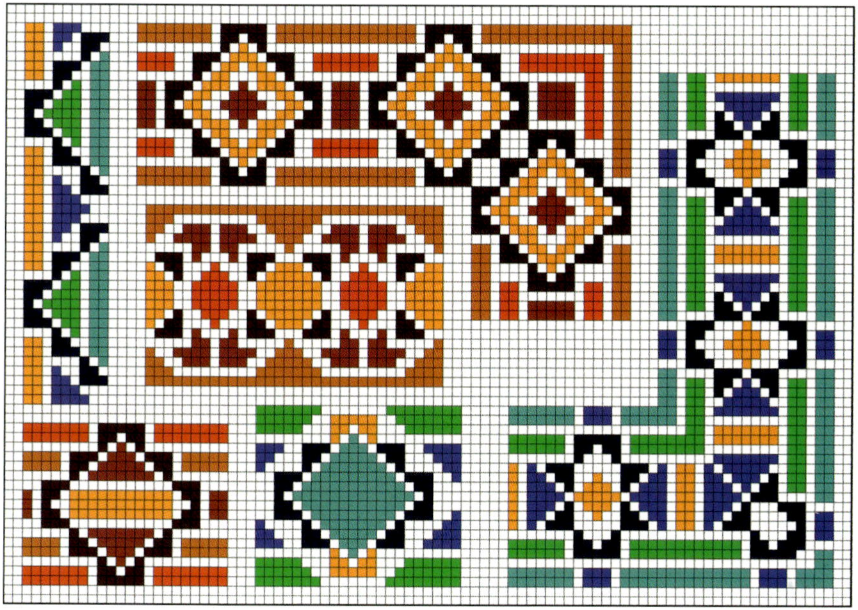

Farbangabe

Fb.	Madeira-Silk
	0113
	1005
	1007
	1106
	1114
	1914
	0204
	0210
	2006

LÄUFER

Material:
ca. 85 x 50 cm Zählstoff (10 Fäden/cm), 1 Stickrahmen, 1 Nadel ohne Spitze, Schere, Stickgarn laut Tabelle 0113 = 3x, 1005 = 4x, 1007 = 4x, 1106 = 4x, 1114 = 4x

Die Materialangaben beziehen sich auf das abgebildete Beispielmodell. Ändern Sie Größe und Form, ändert sich der Verbrauch. Ermitteln Sie die Mitte des Stoffes und beginnen von dort aus ca. 10 cm vom äußeren Seitenrand mit 2-fädigem Garn nach dem Zählmuster mit dem Sticken. Achten Sie darauf, dass Sie beim Drehen der Arbeit immer in die selbe Richtung sticken!

WINDLICHT

Material:
Magic Canvas, 1 Nadel ohne Spitze, Schere, Stickgarn laut Tabelle je Fb. 1x, Windlicht

Sticken Sie nach dem Zählmuster Ihrer Wahl einen Streifen mit 2-fädigem Garn auf

Magic Canvas. Die Länge des Streifens richtet sich nach dem Umfang des Windlichtes. Lassen Sie am Anfang 3 - 4 Kästchen frei, um am Ende des letzten Mustersatzes den Ring schließen zu können. Legen Sie Anfang und Ende übereinander und sticken durch beide Lagen. Schneiden Sie nun bis auf 1 Kästchen die überstehenden Kästchen am oberen und unteren Rand des Streifens ab. Die Manschette können Sie nun über das Windlicht ziehen. Passende Serviettenringe können Sie sich nach dem gleichen Prinzip nur mit weniger Musterrapporten anfertigen.
Das Seidengarn bekommen Sie nicht in jedem Handarbeitsfachgeschäft. Auf Seite 48 finden Sie die Bestelladresse.

Eine ganz besondere Uhr

Farbangabe

Fb.	Coats-Sticktwist
(hellgrün)	243
(grün)	246

UHR

Material:

ca. 30 x 30 cm Zählstoff (11 Fäden/cm), 1 Stickrahmen, 1 Nadel ohne Spitze, Schere, Stickgarn laut Tabelle 1x 243 und 2x 246, 1 Uhrwerk, Quadratrahmen mit ca. 19,5 x 19,5 cm Ausschnitt (3D-Rahmen)

Sticken Sie zuerst die äußere Musterkante mit 3-fädigem Garn. Die Zählvorlage zeigt ein Viertel. Vor dem Ansetzen des Musters müssen Sie die Zählvorlage jeweils um 90° drehen. Je Seite erhalten Sie somit 91 x 91 Kästchen. Danach zählen Sie die Mitte aus und sticken das Mittelmotiv. Zum Schluss sticken Sie die Zahlen in die jeweilige Seitenmitte.

12
9
3
6

Kleine Glücksbringer

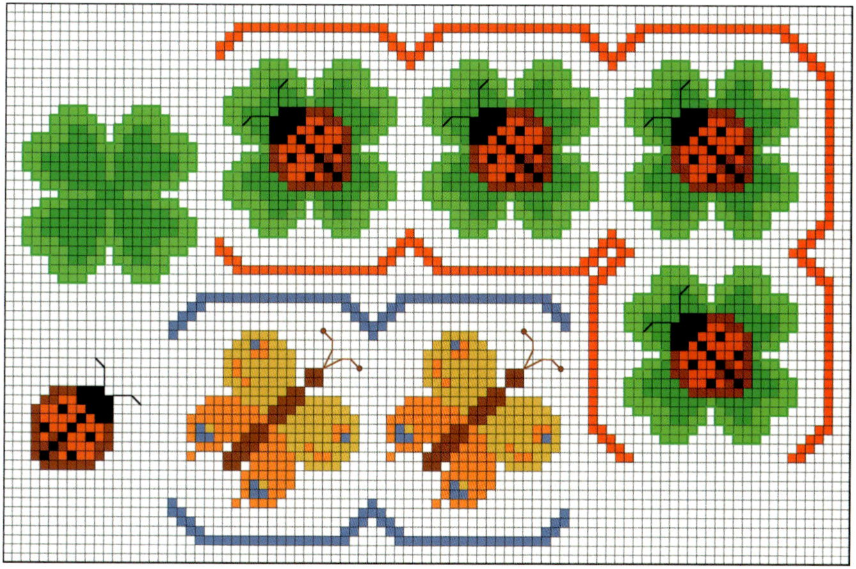

Farbangabe

Fb.	Madeira-Sticktwist
	0212
	0510
	1407
	1408
	2400
	0105
	0202
	0313
	0911

DECKCHEN

Material:
ca. 60 x 60 cm Zählstoff (11 Fäden/cm), 1 Stickrahmen, 1 Nadel ohne Spitze, Schere, Stickgarn laut Tabelle je Fb. 2x, schwarz und 0510 je 1x

Die Materialangaben beziehen sich auf das abgebildete Deckchen von ca. 50 x 50 cm Fertigmaß und 20 gestickten Motiven. Sie können natürlich Größe und Form des Deckchens selbst bestimmen. Entsprechend ändert sich der Materialverbrauch.

Ermitteln Sie die Mitte des Stoffes und zählen Sie von da die Kästchen aus, wo Sie mit der Kante beginnen wollen. Umsticken Sie die Kleeblätter mit Rückstich in der Farbe 1407.

GLÜCKWUNSCH-KARTE

Material:
Plastikstramin (55 Stiche/10 cm), 1 Sticknadel ohne Spitze, Schere, Stickgarn laut Tabelle je Fb. 1x, Faltkarte

Sticken Sie das gewünschte Motiv auf Plastikstramin. Lassen Sie beim Ausschneiden einen Rand stehen. Gestalten Sie die Glückwunschkarte nach Ihren Vorstellungen.
Das Motiv der Glückwunschkarte, an einem Draht befestigt, ergibt einen lustigen Blumenstecker.

Farb-Vergleichstabelle Coats (Mouliné) – Madeira

Coats	Madeira	Coats	Madeira	Coats	Madeira	Coats	Madeira	Coats	Madeira	Coats	Madeira	Coats	Madeira	Coats	Madeira	Coats	Madeira
1	2401	**70**	2608	**139**	0912	**226**	1306	**288**	0103	**357**	2602	**843**	1606	**896**	0810	**1011**	2308
2	2402	**72**	2607	**140**	0910	**227**	1305	**289**	0103	**358**	2008	**844**	1606	**897**	2606	**1012**	0305
6	2605	**73**	0607	**142**	0911	**228**	1303	**290**	0105	**359**	2007	**845**	1607	**898**	2107	**1013**	2310
8	0304	**74**	0606	**143**	0912	**229**	1304	**291**	0106	**360**	2005	**846**	1507	**899**	1906	**1014**	2502
9	0303	**75**	0505	**144**	1002	**230**	1303	**292**	0102	**361**	2013	**847**	1805	**900**	1709	**1015**	2502
10	0406	**76**	0505	**145**	0910	**231**	1806	**293**	0110	**362**	2012	**848**	1708	**901**	2210	**1016**	2610
11	0213	**77**	0604	**146**	0911	**232**	1807	**295**	0109	**363**	2301	**849**	1708	**903**	2002	**1017**	0809
13	0211	**78**	2609	**147**	0912	**233**	1808	**297**	0105	**365**	2213	**850**	1707	**905**	1904	**1018**	0810
19	0407	**85**	0710	**148**	1005	**234**	1709	**298**	0107	**366**	2013	**851**	1706	**906**	2113	**1019**	0810
20	2502	**86**	0709	**149**	1006	**235**	1801	**300**	0111	**367**	2008	**852**	2109	**907**	2203	**1020**	0808
22	2501	**87**	0708	**150**	1007	**236**	1713	**301**	0112	**368**	2011	**853**	2110	**914**	2310	**1021**	0404
23	0502	**88**	0707	**152**	1009	**238**	1306	**302**	2513	**369**	2010	**854**	2110	**920**	1710	**1022**	0404
24	0503	**89**	0706	**158**	1101	**239**	1305	**303**	0114	**370**	2009	**855**	1606	**921**	2508	**1023**	0405
25	0606	**90**	0717	**159**	1002	**240**	1209	**304**	0202	**371**	2602	**856**	1509	**922**	1712	**1024**	0406
26	0414	**92**	2714	**160**	1105	**241**	1307	**305**	0109	**372**	2013	**858**	1512	**923**	2704	**1025**	0407
27	0413	**94**	0706	**161**	1012	**242**	1213	**306**	2514	**373**	2103	**859**	1513	**924**	1614	**1026**	0501
28	0412	**95**	2712	**162**	1107	**243**	1306	**307**	2514	**374**	2104	**860**	1513	**926**	1908	**1027**	0812
29	2708	**96**	2713	**164**	2505	**244**	1305	**308**	2211	**375**	2105	**861**	1514	**928**	1111	**1028**	2608
31	0408	**97**	0711	**167**	1111	**245**	1305	**309**	2213	**376**	1910	**862**	1514	**933**	1910	**1029**	0705
33	0409	**98**	0712	**168**	1108	**246**	1404	**310**	2009	**378**	2601	**868**	0403	**936**	2311	**1030**	2711
35	0411	**99**	2714	**169**	2506	**253**	1604	**311**	2301	**379**	2601	**869**	2611	**939**	0906	**1031**	1001
36	0503	**100**	2714	**170**	2505	**254**	1409	**313**	2307	**380**	2005	**870**	0807	**940**	0905	**1032**	0908
38	0611	**101**	0713	**175**	0907	**255**	1410	**314**	0203	**381**	2301	**871**	0806	**941**	0905	**1033**	1710
39	0507	**102**	2709	**176**	0906	**256**	1411	**316**	0202	**382**	2004	**872**	2613	**942**	2013	**1034**	1711
40	2707	**103**	2712	**177**	0905	**257**	1412	**323**	0307	**386**	2512	**873**	2614	**943**	2102	**1035**	1712
41	0611	**108**	2711	**178**	0904	**258**	1413	**324**	0308	**387**	2314	**874**	2510	**944**	2113	**1036**	1712
42	0507	**109**	2711	**185**	1112	**259**	1604	**326**	0309	**388**	1907	**875**	1702	**945**	2206	**1037**	2504
43	0514	**110**	2710	**186**	1113	**260**	1409	**328**	0302	**390**	1908	**876**	1703	**956**	2110	**1038**	1105
44	0513	**111**	0804	**187**	1114	**261**	1401	**329**	0301	**391**	1907	**877**	1205	**968**	0808	**1039**	1106
45	2606	**112**	2710	**188**	2706	**262**	1602	**330**	0205	**392**	1906	**878**	1205	**969**	0809	**1040**	1813
46	0210	**117**	0901	**189**	2705	**263**	1507	**332**	0207	**393**	1905	**879**	1204	**970**	2609	**1041**	1809
47	0510	**118**	0902	**203**	1211	**264**	1409	**333**	0206	**397**	1901	**880**	2308	**972**	2609	**1042**	1701
48	0608	**119**	0903	**204**	1212	**265**	1308	**334**	0209	**398**	1802	**881**	2309	**975**	0908	**1043**	1309
49	0607	**120**	0909	**205**	1213	**266**	1502	**335**	0209	**399**	1802	**882**	2312	**976**	1002	**1044**	1405
50	0613	**121**	0906	**206**	1210	**267**	1503	**336**	2313	**400**	1714	**883**	2312	**977**	1003	**1045**	2011
52	2707	**122**	2702	**208**	1207	**268**	1504	**337**	0403	**401**	1713	**884**	2305	**978**	1004	**1046**	2010
54	0611	**123**	0914	**209**	1213	**269**	1507	**338**	0402	**403**	2400	**885**	2014	**979**	1005	**1047**	2307
55	0614	**127**	1008	**210**	1206	**271**	0501	**339**	0312	**410**	1102	**886**	2207	**1001**	2302	**1048**	0310
57	0702	**128**	0908	**211**	1206	**273**	1811	**340**	0313	**433**	1103	**887**	2206	**1002**	2301	**1049**	2306
59	0603	**129**	0907	**212**	1205	**274**	1708	**341**	0314	**681**	2603	**888**	2112	**1003**	0310	**1050**	1913
60	0605	**130**	0907	**213**	1511	**275**	0101	**342**	0801	**683**	1705	**889**	2105	**1004**	0312	**4146**	2309
62	0701	**131**	0911	**214**	2604	**276**	2314	**343**	1710	**778**	2309	**890**	2209	**1005**	0512	**5975**	0401
63	0701	**132**	0912	**215**	1310	**277**	2105	**347**	2011	**779**	2508	**891**	2208	**1006**	0509	**8581**	1812
65	0602	**133**	0913	**216**	1310	**278**	1414	**349**	2306	**830**	2001	**892**	2314	**1007**	2312	**9046**	0510
66	0614	**134**	0914	**217**	1312	**279**	1610	**351**	2304	**831**	2109	**893**	0404	**1008**	2312	**9159**	1014
68	0604	**136**	0910	**218**	1313	**280**	1611	**352**	2304	**832**	2002	**894**	0813	**1009**	2314	**9575**	0403
69	2609	**137**	0911	**225**	1307	**281**	1612	**355**	2009	**842**	1605	**895**	0812	**1010**	2308		

Madeira	Coats	Madeira	Coats	Madeira	Coats	Madeira	Coats	Madeira	Coats	Madeira	Coats	Madeira	Coats	Madeira	Coats	Madeira	Coats
0101	275	**0401**	5975	**0701**	62	**1001**	1031	**1301**	228	**1601**	263	**1901**	397	**2201**	–	**2501**	22
0102	292	**0402**	338	**0702**	57	**1002**	159	**1302**	229	**1602**	262	**1902**	–	**2202**	907	**2502**	1015
0103	288	**0403**	868	**0703**	–	**1003**	977	**1303**	230	**1603**	264	**1903**	393	**2203**	907	**2503**	6
0104	290	**0404**	1021	**0704**	–	**1004**	978	**1304**	229	**1604**	253	**1904**	905	**2204**	874	**2504**	1037
0105	297	**0405**	1023	**0705**	1029	**1005**	979	**1305**	245	**1605**	842	**1905**	393	**2205**	886	**2505**	164
0106	291	**0406**	10	**0706**	89	**1006**	149	**1306**	226	**1606**	844	**1906**	899	**2206**	887	**2506**	169
0107	298	**0407**	19	**0707**	88	**1007**	150	**1307**	225	**1607**	845	**1907**	388	**2207**	886	**2507**	–
0108	297	**0408**	31	**0708**	87	**1008**	127	**1308**	265	**1608**	–	**1908**	390	**2208**	887	**2508**	779
0109	295	**0409**	33	**0709**	86	**1009**	152	**1309**	1043	**1609**	280	**1909**	276	**2209**	890	**2509**	–
0110	293	**0410**	35	**0710**	85	**1010**	979	**1310**	215	**1610**	279	**1910**	933	**2210**	901	**2510**	874
0111	300	**0411**	35	**0711**	97	**1011**	979	**1311**	–	**1611**	280	**1911**	–	**2211**	308	**2511**	386
0112	301	**0412**	28	**0712**	98	**1012**	161	**1312**	217	**1612**	281	**1912**	–	**2212**	307	**2512**	386
0113	305	**0413**	27	**0713**	101	**1013**	160	**1313**	246	**1613**	281	**1913**	1050	**2213**	309	**2513**	302
0114	303	**0414**	26	**0714**	–	**1014**	9159	**1314**	1044	**1614**	924	**1914**	360	**2214**	310	**2514**	307
0201	303	**0501**	1026	**0801**	342	**1101**	158	**1401**	261	**1701**	1042	**2001**	830	**2301**	363	**2601**	379
0202	304	**0502**	23	**0802**	342	**1102**	410	**1402**	–	**1702**	875	**2002**	832	**2302**	1001	**2602**	371
0203	314	**0503**	24	**0803**	–	**1103**	433	**1403**	–	**1703**	876	**2003**	–	**2303**	–	**2603**	681
0204	324	**0504**	25	**0804**	111	**1104**	–	**1404**	246	**1704**	877	**2004**	382	**2304**	351	**2604**	214
0205	330	**0505**	75	**0805**	–	**1105**	1038	**1405**	1044	**1705**	683	**2005**	380	**2305**	351	**2605**	6
0206	333	**0506**	38	**0806**	871	**1106**	1039	**1406**	–	**1706**	851	**2006**	–	**2306**	1049	**2606**	45
0207	332	**0507**	39	**0807**	870	**1107**	162	**1407**	258	**1707**	850	**2007**	359	**2307**	1047	**2607**	72
0208	332	**0508**	1006	**0808**	1020	**1108**	168	**1408**	267	**1708**	848	**2008**	358	**2308**	1010	**2608**	70
0209	334	**0509**	1006	**0809**	1017	**1109**	168	**1409**	264	**1709**	900	**2009**	310	**2309**	4146	**2609**	972
0210	46	**0510**	47	**0810**	1018	**1110**	168	**1410**	255	**1710**	1033	**2010**	1046	**2310**	1013	**2610**	1016
0211	13	**0511**	1006	**0811**	–	**1111**	928	**1411**	256	**1711**	1034	**2011**	1045	**2311**	936	**2611**	869
0212	–	**0512**	1005	**0812**	895	**1112**	185	**1412**	257	**1712**	922	**2012**	362	**2312**	883	**2612**	870
0213	11	**0513**	44	**0813**	894	**1113**	186	**1413**	258	**1713**	401	**2013**	942	**2313**	336	**2613**	872
0214	–	**0514**	43	**0814**	271	**1114**	187	**1414**	278	**1714**	400	**2014**	885	**2314**	276	**2614**	873
0301	329	**0601**	45	**0901**	117	**1201**	185	**1501**	254	**1801**	235	**2101**	926	**2400**	403	**2701**	127
0302	328	**0602**	65	**0902**	118	**1202**	–	**1502**	266	**1802**	399	**2102**	943	**2401**	1	**2702**	118
0303	9	**0603**	59	**0903**	119	**1203**	188	**1503**	267	**1803**	232	**2103**	373	**2402**	2	**2703**	278
0304	8	**0604**	68	**0904**	178	**1204**	879	**1504**	268	**1804**	397	**2104**	374	**2403**	–	**2704**	923
0305	1012	**0605**	60	**0905**	940	**1205**	212	**1505**	–	**1805**	847	**2105**	375	**2404**	–	**2705**	189
0306	933	**0606**	74	**0906**	176	**1206**	211	**1506**	–	**1806**	231	**2106**	–			**2706**	188
0307	323	**0607**	49	**0907**	175	**1207**	208	**1507**	269	**1807**	232	**2107**	898			**2707**	52
0308	324	**0608**	48	**0908**	975	**1208**	–	**1508**	269	**1808**	233	**2108**	882			**2708**	29
0309	326	**0609**	75	**0909**	120	**1209**	240	**1509**	859	**1809**	1041	**2109**	831			**2709**	102
0310	1003	**0610**	40	**0910**	145	**1210**	206	**1510**	–	**1810**	–	**2110**	854			**2710**	112
0311	326	**0611**	38	**0911**	146	**1211**	203	**1511**	213	**1811**	273	**2111**	888			**2711**	108
0312	339	**0612**	50	**0912**	147	**1212**	204	**1512**	858	**1812**	8581	**2112**	888			**2712**	103
0313	340	**0613**	50	**0913**	133	**1213**	209	**1513**	860	**1813**	1040	**2113**	906			**2713**	96
0314	341	**0614**	66	**0914**	134	**1214**	228	**1514**	861	**1814**	397	**2114**	277			**2714**	100

Die Farb-Vergleichstabellen sollen Ihnen helfen, die jeweilige Ersatzfarbe der anderen Firma zu finden. Die Farben stimmen nur selten 100%ig überein. Viele Ersatzfarben sind doppelt vergeben.

Vielen Dank folgenden Firmen für ihre freundliche Unterstützung

Coats GmbH, Kaiserstrasse 1, D-79341 Kenzingen

Madeira Garne, U.+ M. Schmidt & Co. GmbH,
Hans-Bunte-Straße 8, D-79108 Freiburg
Bestelladresse:
Nadel und Faden, Manuela Weikum, Carl-Kistner-Straße 19, Tel: 0761/441044, Fax: 0761/441045

Eugen Übelhör KG, Weberei + Stickerei,
Alemannenstraße 7, A-6973 Höchst
(Hardangerstoff mit eingewebten Aidafeldern S. 6, Baumwollstoff „Veronika" S. 16)

Vaupel & Heilenbeck GmbH & Co. KG,
Hünefeldstraße 18a, D-42285 Wupperthal
(Leinenbänder S. 18, S. 36, S. 38)

Zweigart & Sawitzki GmbH & Co. KG,
Fronäckerstraße 50, D-71063 Sindelfingen
(Konfektionierte Teile S. 10, S. 12, Stoff S. 40)

ISBN 3-89798-128-9

Einbandgestaltung: Christine Paxmann, München
Fotos: Lore Jacobi, Jesewitz
Satz und Reproduktion: Lore Jacobi, Jesewitz
Gesamtherstellung:
Druck Consult, Grünwald b. München